T0045444

Peldaños

DOMAR LA NATURALEZA

LA GALLINA Y EL HUEVO

por Judy Elgin Jensen

¡Quiquiriquí! Es temprano en la mañana. ¡Hora de levantarse! Imagina que vives en las junglas del Sudeste Asiático entre 7,000 y 10,000 años atrás. Puedes buscar en el bosque huevos blancos en un nido de hojas. Las gallinas silvestres rasguñaban el suelo en busca de semillas e insectos. Ponían huevos en la primavera. Se parecían y sonaban bastante parecido a algunas gallinas de la actualidad. Hay una buena razón para eso.

Hace miles de años, los pueblos antiguos capturaron y criaron algunas gallinas silvestres. Les gustaba el aspecto y el sabor de la gallina. Por lo tanto, con el tiempo se **domesticó** a la gallina. Las amansaron, las alimentaron y las criaron como fuentes de alimento. Querían tener las gallinas cerca para poder observarlas, comérselas o comerse sus huevos. Solo conservaron sus gallinas favoritas. Por lo tanto, con el tiempo, las características que más les gustaban mejoraron. Al final, algunas gallinas silvestres llegaron a parecerse más a las gallinas que se ven en la actualidad que a las gallinas silvestres.

Huevos en el nido

Los huevos de la gallina silvestre se abren en aproximadamente tres semanas. Las gallinas los ponen solo en primavera. Por lo tanto, los pollitos romperán el cascarón cuando el estado del tiempo sea cálido y haya alimento abundante.

Distribución de la gallina silvestre

Mapa

La gallina silvestre todavía vive en algunas partes del mundo.

Gallina silvestre

Gallo

Las gallinas hembra se sienten atraídas por las plumas brillantes y la gran cresta del gallo. Los gallos que tienen las plumas más brillantes y la cresta más grande tienen más descendencia.

Cresta

Gallina

Los colores suaves de la gallina contrastan con los del gallo. Pero sus colores la ayudan a esconderse cuando anida en la hierba. Las gallinas que se mimetizan mejor con la hierba tienen más descendencia.

Plumas brillantes

Plumas del mismo color que la hierba

Patas grises

3

Gallinas por su carne y sus huevos

En la actualidad, las gallinas domésticas se diferencian de las gallinas silvestres porque se prefirieron ciertos **rasgos** o características sobre otros. Se conservaron las gallinas silvestres que tenían plumas más llamativas, ponían más huevos o tenían una carne más sabrosa. La selección de individuos con rasgos preferidos para la reproducción se llama **reproducción selectiva.**

Muchas razas o tipos de gallinas son el resultado de la reproducción selectiva. Algunas razas se volvieron importantes para la producción de carne y otras para la producción de huevos. Los granjeros siguieron reproduciendo esas que daban más carne o que ponían más huevos. Con el tiempo, otros rasgos parecían desaparecer. En la actualidad, grandes granjas crían miles de gallinas con rasgos casi idénticos. La gallina es el animal domesticado más común, con una población estimada de más de 24 mil millones.

White Cornish Rock

Conforme se domesticaba a las gallinas, las plumas de colores se volvieron menos importantes para atraer a la pareja. En la actualidad, algunos criadores de gallinas prefieren gallinas con plumas blancas como la gallina *White Cornish Rock*. Cuando estas gallinas se procesan y se venden, los trocitos de plumas que quedan no son muy evidentes.

Plymouth Rock

Mucha carne en una gallina como la gallina *Plymouth Rock* es un rasgo que les gusta a los criadores. En solo 30 años, la reproducción selectiva ha duplicado la cantidad de carne de pechuga en ciertos tipos de gallinas.

Rhode Island Red

Algunas gallinas comenzaron a poner huevos marrones. A las personas les gustaban y tuvieron más de estas gallinas. En la actualidad, los huevos como los de la gallina *Rhode Island Red* tienen diversos tonos de marrón. Algunos creen que los huevos marrones son más nutritivos, pero todos los huevos los son por igual.

Leghorn

La gente ya no quería esperar hasta la primavera para obtener sus huevos. Se descubrió que si se sacaban los huevos del nido, las gallinas ponían más huevos. En la actualidad, algunas razas de gallinas ponen un huevo por día más o menos. Pero si no retiras los huevos, ¡puedes terminar con pollitos!

Gallinas: Reliquias de familia

Con el tiempo se han desarrollado más de 400 razas de gallinas. Muchos creen que las razas poco comunes se deben preservar. Creen que las razas son tan valiosas como tesoros de familia. Se llama reliquias de familia a estas razas. Algunas se parecen mucho a las gallinas silvestres. ¿Y las otras? Compruébalo tú mismo.

Derbyshire Redcap

Esta cresta rosada es un tipo de cresta. Otras razas tienen crestas de diferentes formas o no tienen cresta.

Hamburgh Bantam

La bantam es una gallina que pesa menos de un kilogramo (2.2 libras).

Black Silkie

Debajo de las plumas sedosas y negras hay piel y carne gris.

Blue Partridge Brahma

Las plumas de las patas les cubren las patas a estos y otros tipos de gallinas.

Gold Sebright

La mayoría de las gallinas son negras, blancas o rojas doradas, pero esta raza tiene diversos colores y patrones.

Phoenix

Las plumas de la cola de esta raza pueden crecer tanto como 10 metros (30 pies).

Gallina *Marans*

Huevo de *Marans*

Cuando la gallina pone el huevo, un color cubre el huevo. El color se puede desprender de un huevo recién puesto.

Gallina *Ameraucana*

Huevo de *Ameraucana*

En esta raza, cuando la gallina pone un huevo, un pigmento azul se combina con los otros materiales que componen la cáscara.

La reproducción selectiva lleva muchos tipos de alimentos a nuestra mesa. Pero también hace que muchos individuos sean casi idénticos. Las razas reliquia de familia pueden tener rasgos ocultos que pueden ayudar a los individuos a resistir futuros cambios medioambientales como cambios en el calor o gérmenes dañinos. Conservar las razas reliquia de familia ayuda a preservar una amplia variedad de rasgos.

Compruébalo ¿Qué características de la gallina silvestre puedes ver en las gallinas modernas?

Del lobo a los ladridos

por Judy Elgin Jensen

Acurrucado con un beagle o jugando con un border collie, te puede parecer difícil creer que los perros están emparentados con los lobos. Decimos que los perros son los "mejores amigos del hombre" por su devoción hacia nosotros. Los lobos, sin embargo, parecen más feroces. Entonces, ¿por qué en la antigüedad se llevaba a los lobos a los campamentos? Los científicos no están seguros de que se hacía eso. Muchos científicos creen que los lobos comenzaron a **domesticarse** a sí mismos hace aproximadamente 30,000 años. ¿Cómo? Dependían de las personas para alimentarse.

Cuando las personas de la edad de piedra se establecían en grupos, dejaban restos de alimentos alrededor de sus campamentos. Con curiosidad, los lobos hambrientos se acercaban a buscar los restos. Los lobos que eran menos temerosos de los seres humanos permanecían más cerca. Con el tiempo, los lobos que vivían cerca de las personas ya no se apareaban con los lobos "salvajes" de las cercanías. Después de muchísimos años, los dos grupos quedaron completamente divididos.

Después de miles de años, los **rasgos** o características de los lobos más mansos comenzaron a cambiar. Eran más pequeños, con cráneos más anchos y mandíbulas más cortas. Tenían camadas más grandes de cachorros y se hicieron más amistosos con los humanos. Con el tiempo, comenzaron a mostrar rasgos como colas rizadas, orejas caídas o color blanco y negro no presentes en los lobos salvajes. Los perros estaban con nosotros.

Los ancestros de los lobos se parecían mucho a este lobo gris y su lobezno.

Hace aproximadamente 8000 años

En la antigua África Central, perros pequeños con cola rizada cazaban junto con los pueblos tribales. Permanecían algo alejados de las personas, pero dependían de ellas. Estos cazadores silenciosos usaban "campanas" hechas de nueces. Las campanas ayudaban a los integrantes de la tribu a encontrar a los perros y las presas que atrapaban. Los perros comúnmente no ladraban, pero gemían y gruñían como los lobos. En la actualidad los llamamos basenjis.

Con el tiempo, los basenjis llegaron a Egipto y se convirtieron en los favoritos de los faraones egipcios. Grabados de basenjis decoran las paredes de las tumbas de los faraones. Algunos creen que el antiguo dios egipcio conocido como Anpu o Anubis, el protector de los muertos, tiene la cabeza de un basenji.

El energético basenji ha cambiado poco con el tiempo. Incluso en la actualidad, no parece estar tan domesticado como otros perros. Los basenjis son independientes y difíciles de entrenar. Como los lobos, solo pueden tener cachorros una vez al año. Otros perros pueden tener al menos dos camadas.

Este antiguo grabado egipcio muestra un perro de caza que se cree es un basenji.

Rasgos especiales

🐾 La frente se arruga cuando levantan las orejas.

🐾 Cola rizada completamente sobre el lomo.

🐾 Las orejas puntiagudas pueden girar en varias direcciones.

🐾 Caza mediante la vista y el olfato.

Los basenjis pueden ser de color rojo castaño, negro o una combinación de esos colores. También pueden ser marrones leonados con rayas de otros colores. Pero todos tienen patas y pecho blanco, y la punta de la cola blanca.

Hace 6000 años

Los antiguos árabes usaban perros delgados y veloces para cazar gacelas, que también podían correr muy rápido. Algunos perros podían salir rápidamente detrás de las escurridizas gacelas y atraparlas. Muchos perros se comían las gacelas de inmediato. Otros perros eran más lentos para atraparlas, pero no se las comían de inmediato. Ese comportamiento era importante, porque las personas cazaban a las gacelas como alimento.

Por lo tanto, los árabes cruzaban a los perros más veloces con los que no se comían las gacelas que atrapaban. Elegían qué perros cruzar, lo que es la **reproducción selectiva.** Los perros que se originaron, llamados salukis en la actualidad, son veloces y pueden girar con facilidad. Una vez que cazan a la presa, la conservan para su amo.

Antes de 600 d. C., los salukis fueron llevados a China, donde los adoptaron los emperadores. Un relato cuenta que un saluki montaba a caballo con un emperador. Otro emperador pintó un cuadro de salukis, que permaneció en la colección imperial por más de 300 años.

Los sellos rojos muestran quién era el dueño u observaba la pintura.

Rasgos especiales

🐾 La caja torácica y la cintura delgadas y la espina dorsal muy flexible le permiten hacer contorsiones y giros veloces.

🐾 Sus pasos pueden medir 4 metros (12 pies) de largo cuando corren.

🐾 Corren a 65 kilómetros por hora (40 millas por hora).

🐾 Caza valiéndose de una vista aguda.

Los salukis de la actualidad pueden tener pelos largos en las patas y un pelaje suave. Pueden ser blancos, crema, amarillo marrón, dorado, rojo o una combinación de negro, café y blanco. Algunos son grisáceos y café, como los lobos. El grisáceo es un patrón de líneas y cada pelo puede tener varios colores.

Hace aproximadamente 3000 años

Imagina que vives en las alturas del Tíbet, en el Himalaya. Aquí el sol brillante nunca calienta el aire, ni siquiera en verano. Los antiguos tibetanos arreaban yaks y ovejas. Sus perros pequeños y robustos, llamados apsos, actuaban como alarma en sus tiendas y ladraban a los intrusos.

Los primeros tibetanos pueden haber elegido ciertos apsos para reproducirlos, pero es probable que la naturaleza también ayudara en la reproducción selectiva. A algunos apsos les crecía una capa de pelaje más gruesa cerca del cuerpo y una capa de pelaje más larga y lacia encima. Estos perros estaban más abrigados que otros. Los perros con patas más cortas también permanecían más abrigados. Los perros más abrigados tenían más probabilidades de sobrevivir y tener cachorros, que tendrían los mismos rasgos.

El Tíbet también es el hogar de la religión budista, y los apsos prestaron servicio a los monjes que vivían allí. Con su agudo sentido del oído, los apsos alertaban a los monjes sobre los intrusos. Los perros parecían leones diminutos, y el león es un símbolo sagrado para los budistas.

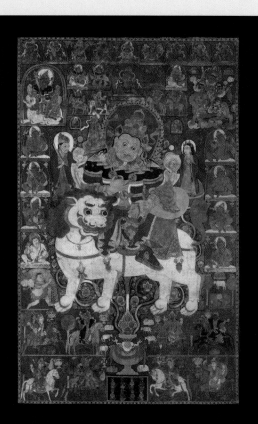

Esta pintura muestra cómo el guardián budista del Norte monta un león. A los apsos y algunas otras razas de perros se los ha llamado "perros leones".

Rasgos especiales

🐾 El color oscuro les protege la nariz de las quemaduras solares.

🐾 El pelaje que les cae sobre la frente les da sombra a los ojos.

🐾 La cola peluda que se inclina sobre el lomo los protege de la lluvia.

🐾 El pelaje tupido entre las almohadillas de los dedos y sobre ellas los ayuda a caminar en la nieve.

🐾 El pelaje largo y las orejas elevadas y cercanas mantienen al perro abrigado.

A los apsos más tarde se los llamó Lhasa apsos, por la ciudad de Lhasa, en el Tíbet. Actualmente, los Lhasa apsos tienen un pelaje exterior incluso más largo y sedoso. En los últimos 100 años, a las personas les comenzó a gustar ese rasgo. La reproducción selectiva también ha cambiado la forma de la frente, el largo del hocico y la forma de la mandíbula.

Los perros en la actualidad

La reproducción selectiva ha producido la sorprendente diversidad de perros que se ven en la actualidad. En el pasado, se seleccionaban ciertos rasgos que hacían que la **raza** fuera más apta para determinadas tareas. Algunas de esas tareas requerían perros feroces y agresivos. Más recientemente, no se necesitó que los perros fueran agresivos, y se seleccionaron rasgos que cambiaran esas conductas.

Bóxer

Esta raza se desarrolló para perseguir y retener caza grande, como el bisonte. Se para sobre sus patas traseras y "boxea" con sus patas delanteras. Su nombre se debe a ese rasgo.

Shar Pei

El nombre de esta raza significa "pelaje arenoso" porque se siente espinoso. Los chinos antiguos creían que sus arrugas y su lengua negra azulada podían espantar a los malos espíritus.

Bull terrier

El bull terrier se desarrolló mediante la cruza de bulldogs con una raza de terrier blanco que ya no existe. Estos perros antiguamente luchaban con otros perros, pero en la actualidad son juguetones.

Bloodhound

Esta raza tiene más de 1000 años. Su sentido del olfato es tan agudo que la evidencia que descubre un bloodhound se puede usar en un tribunal de justicia.

Bulldog

Esta raza se desarrolló para enfurecer y atacar toros. Luego desapareció la tradición, así que se seleccionaron rasgos de comportamiento que hicieron a la raza dulce y adorable.

Dálmata

Esta es la única raza con manchas. Cuando los camiones de bomberos se tiraban con caballos, los dálmatas permanecían en los cuarteles de bomberos. Mantenían tranquilos a los caballos y protegían el equipo.

Pastor belga

Esta raza se desarrolló hace unos 125 años. Durante la Primera Guerra Mundial, estos perros llevaban mensajes y tiraban de las ametralladoras. En la actualidad, muchos trabajan como perros de búsqueda y rescate.

Crestado chino

Esta raza puede mayormente no tener pelaje o puede tenerlo largo en todo el cuerpo, incluso en perros de la misma camada. En el siglo XIII, estos perros iban en los barcos chinos para matar ratas.

Grifón de Bruselas

Esta raza antiguamente vivía en establos y atrapaba ratas. Quienes gustaban de su carácter los dejaban entrar en su casa al poco tiempo. En algunos cuentos populares belgas se los describe.

Gran danés

Entre las razas más altas, este perro originalmente cazaba jabalíes. Más tarde, se seleccionaron diferentes comportamientos. El resultado fue un compañero del ser humano en su casa y un perro guardián.

Chihuahua

Algunos creen que esta raza diminuta se desarrolló mediante la cruza de un perro mexicano con un perro sin pelaje que trajeron los exploradores, quizás el crestado chino.

Bóxerdoodle . . . dalmadoodle . . . doodleman pinscher . . . schnoodle . . . shepadoodle . . .

¿Qué tienen en común todos estos perros "doodle"? ¡Así es, el pelo rizado! La mayoría de los perros mudan, o pierden pelos, a diario. Los perros lanudos tienen un pelaje rizado que reduce los efectos de la muda. Estos pelos rizados atrapan otros pelos que se caen. Por lo tanto, la raza se suele cruzar con otras razas. Los cachorros tienen rasgos de ambos progenitores, como el pelaje de un caniche y las manchas de un dálmata. A través de la reproducción selectiva, se desarrollan perros con los rasgos que se desean.

Caniche

Los caniches responden bien a las órdenes de obediencia.

Labrador

Los labradores son atléticos y de buen carácter.

Labradoodle

Al principio los labradoodles se desarrollaron para usarlos como lazarillos para los ciegos. Se los entrena fácilmente y es menos probable que causen reacciones alérgicas.

18

Cruza de pastores

La cara, las patas largas y el color son rastros del pastor alemán en este perro callejero.

La raza de perro favorita de muchas personas es una que no es una raza específica en absoluto. Un perro callejero puede tener muchos rasgos distintos, como el hocico de una raza, las orejas de otra, el pelaje de otra y el carácter de otra más. Nunca se sabe qué rasgos se presentarán en los cachorros de dos perros callejeros. Pueden tener un aspecto diferente del de sus progenitores o casi idénticos a uno u otro.

La naturaleza y las personas seleccionaron qué individuos cruzar por al menos más de 30,000 años, lo que llevó a estos animales del lobo a los ladridos. Gracias a esas selecciones, los perros son los animales más variados en la Tierra. Y nos encanta que así sea.

Compruébalo ¿Cómo influye la reproducción selectiva en los rasgos de la descendencia?

Vegetales: Más grandes y mejores

por Julia Osborne

Hace más de 6,000 años, la gente comenzó a **domesticar** una hierba silvestre llamada teosinte. Esta gente vivía en lo que hoy es México. Gracias a que domesticaron esta hierba, podemos disfrutar de una sabrosa mazorca de maíz, palomitas de maíz y tortillas.

Con el tiempo, los granjeros reunieron granos de semillas de plantas de teosinte silvestre con los **rasgos** o características más deseables. Quizá las mazorcas tenían más granos o granos que eran más robustos y fáciles de moler. Las plantas que crecían de esos granos también tenían más de estos rasgos deseables. Después de muchos años, los cultivos se parecieron cada vez menos a las plantas de teosinte silvestre. Los granjeros habían convertido el teosinte en maíz.

Teosinte

Maíz moderno

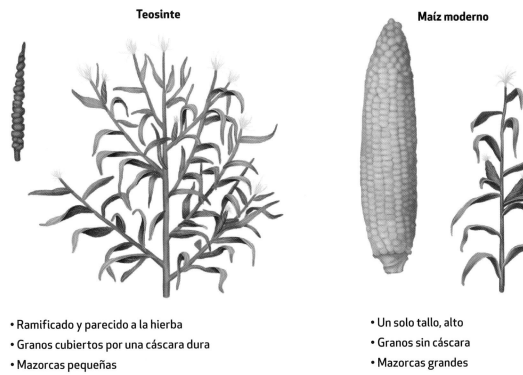

- Ramificado y parecido a la hierba
- Granos cubiertos por una cáscara dura
- Mazorcas pequeñas
- Pocos (de 5 a 12) granos en la mazorca

- Un solo tallo, alto
- Granos sin cáscara
- Mazorcas grandes
- Hasta 500 granos en una mazorca

Ya hace 4,500 años, el maíz se cultivaba en muchas partes de América. Cuando llegó Colón, se llevó el "trigo indio" de vuelta a Europa. En la actualidad el maíz proporciona alimento a personas y ganado de todo el mundo. Los granjeros han desarrollado muchos tipos de maíz. Usaron la **reproducción selectiva** o elegir qué individuos reproducir. También han aumentado el número de granos de maíz en cada planta.

Los granos que contienen mucha agua se abren de golpe cuando se calientan.

Los vítreos colores de arcoíris de estos granos parecen piedras preciosas.

21

Russet Burbank

Papas bien proporcionadas

La cantidad de papas que come una persona promedio en los Estados Unidos cada año pesa aproximadamente tanto como dos estudiantes de cuarto grado. La mayoría de esas papas son marrones, rojas o doradas. Pero en Perú o Bolivia, en Sudamérica, las papas tienen muchas formas y tonos de marrón, azul, morado y rojo.

Los habitantes de la cordillera de los Andes domesticaron papas silvestres al menos 7,000 años atrás. Hace aproximadamente 450 años, los exploradores españoles llevaron las papas a Europa. Las papas también llegaron a otras partes del mundo. Las plantas de papas crecen mejor en lugares como Irlanda, Alemania, Rusia y el norte de China, donde el estado del tiempo es fresco y húmedo. En los Estados Unidos, las papas crecen bien en los Estados del Norte, como Idaho y Maine.

En la actualidad, los granjeros cultivan muchas **variedades** de papas. Una variedad es como una **raza,** pero se refiere a plantas en lugar de animales. Aunque las papas crecen bajo tierra, no son raíces. Son tallos carnosos subterráneos.

Papas de Perú y Bolivia

Higo

Azul

Látigo de cuero

Negra dulce

Garra de puma

Pie de lequecho

Espiral blanquinegra

Llanto de nuera

Aldea de alta montaña

Cenizas del alma

Chaleco tejido

Plato de cerdo

Densa niebla matinal

Flor de alta montaña

Flor amarilla

Col de diseñador

Todas estas plantas son de la misma *especie* o tipo de planta. Los científicos llaman a la planta *Brassica oleracea*. La especie *Brassica oleracea* es una planta de mostaza que crece en forma silvestre alrededor del mar Mediterráneo. Los antiguos griegos y romanos disfrutaban de sus hojas gruesas y oscuras. Las hojas que comían eran parecidas a la col moderna. La berza es una planta emparentada con ella que crece en el sur de los Estados Unidos.

Desde la época de los romanos, los granjeros han usado la reproducción selectiva para modificar la planta de mostaza original. Concentrarse en diferentes estructuras vegetales dio como resultado algunas formas asombrosas de *Brassica oleracea*.

Los granjeros seleccionaron formas con muchas hojas de la *Bassica oleracea* progenitora para producir la col moderna.

Formas de *Brassica oleracea*

Brócoli

Los granjeros seleccionaron plantas progenitoras con tallos gruesos y con muchos capullos.

Coles de Bruselas

Los granjeros seleccionaron plantas progenitoras que tenían grupos de hojas apretadas que crecían a lo largo del tallo. Estos grupos de hojas formaban cabecitas.

Coliflor

Los granjeros seleccionaron plantas progenitoras con racimos de flores apretadas.

Repollo

Los granjeros seleccionaron plantas con tallos muy cortos, que hacían que las hojas crecieran muy cerca unas de otras. Con el tiempo, su reproducción selectiva produjo una planta con hojas que formaban una pelota compacta o cabeza.

Colirrábano

Los granjeros seleccionaron plantas progenitoras con tallos carnosos en la base de la planta.

Zapallo suculento

Las calabazas y los zapallos se originaron con los nativo-americanos. Más tarde, Colón llevó estos alimentos a Europa, donde se hicieron muy populares. Debido a la reproducción selectiva, los zapallos actuales presentan diversidad de formas y tamaños. Los zapallos de verano, como el calabacín, tienen piel blanda. Deben comerse al poco tiempo de que se cosechan. Los zapallos de invierno tienen piel dura, por lo tanto, pueden guardarse por meses. Los zapallos de invierno incluyen el zapallito coreano, la calabaza, el Hubbard, el espagueti y el turbante. Las calabazas son los zapallos más grandes y los vegetales más grandes del mundo. También son los frutos más grandes, porque tienen semillas. Hay personas que compiten para ver quién puede cultivar las calabazas más enormes.

Zapallito coreano
El sabor dulce y similar al de la nuez que tiene el zapallito coreano se parece al de la calabaza.

Zapallo crookneck

La piel irregular y el cuello doblado distinguen al crookneck de otros zapallos.

Turbante

Si se lo coloca invertido, el zapallo tiene la apariencia de un turbante sobre la cabeza de una persona.

Zapallo espagueti

Cuando se cocina, la carne del zapallo espagueti forma hebras que parecen espaguetis.

Calabaza

No solo se come la carne de la calabaza, sino también las semillas y las flores.

Zapallo bellota

La mayoría de los zapallos bellotas son verdes oscuros, pero algunos son amarillos dorados o incluso completamente blancos.

Zapallo Hubbard

La piel del Hubbard varía de verde a azul claro grisáceo y los zapallos pueden ser bastante grandes.

Imagina que quisieras usar la reproducción selectiva para crear un nuevo tipo de vegetal. ¿Con qué comenzarías? ¿En qué rasgos te concentrarías? ¿Qué aspecto tendría?

Compruébalo ¿Cómo influye la reproducción selectiva en las frutas y los vegetales?

Lee para descubrir cómo los ingenieros diseñaron un lugar para preservar las semillas.

Preservar las semillas

por Judy Elgin Jensen

La **domesticación** de las plantas tiene un lado positivo y un lado no tan positivo. Mediante la **reproducción selectiva,** los cultivos mejorados brindan más alimento. Las plantas de maíz producen más granos para el pan, los edulcorantes y los cereales. Los tomates que tienen aproximadamente el mismo tamaño son más fáciles de empacar y transportar. Las manzanas permanecen crujientes por más tiempo, aunque no sean tan dulces como otras manzanas. Y es más fácil para una máquina cosechar plantas de soja que tengan casi el mismo tamaño. Cuando se desarrollan nuevas **variedades** o **razas,** la mayoría de los granjeros dejan de cultivar las variedades anteriores. Muchos se preocupan porque la domesticación produce muchas plantas que son idénticas en casi todo sentido.

¿Qué sucede si aparece una enfermedad nueva en el medio ambiente? ¿O qué sucede si una región se vuelve un poco más cálida y seca? La mayoría de las plantas de un tipo se podrían extinguir. Muchos quieren preservar las variedades reliquia de familia o algunas más viejas con muchas diferencias entre planta y planta. Pero las variedades reliquia de familia se suelen olvidar hasta que ya nadie las cultiva. Por lo tanto, los **rasgos** o características necesarios para resolver futuros problemas medioambientales quizá no estén disponibles.

Hubo que idear una manera de preservar las semillas de las variedades reliquia de familia. Cada semilla se puede convertir en una planta con rasgos específicos. Los científicos y los ingenieros diseñaron bóvedas para proteger y preservar las semillas. Estos almacenes con temperatura controlada pueden preservar millones de semillas por cientos de años. Uno de los más famosos es la Bóveda Global Svalbard en Noruega. Puede preservar hasta cuatro millones de semillas. Veamos cómo está diseñada.

El Dr. Cary Fowler estudia la importancia de las diferencias en los rasgos de las plantas. Aquí sostiene dos recipientes de semillas de arvejas reliquia de familia. En el fondo se ve la entrada de la bóveda de semillas.

Dentro de una bóveda de semillas

La Bóveda Global de Semillas Svalbard está en una isla en el océano Ártico. Allí, la bóveda se ubica bajo tierra. Adentro el aire es frío, ¡a menos 18 °C (menos 0.4 °F)! Aunque la temperatura está por debajo del punto de congelación, las semillas no mueren. Están en un estado latente o en espera. ¡Las semillas pueden permanecer en este estado latente por cientos de años!

La bóveda se encuentra en una capa de suelo que siempre está congelada. De esa manera, el interior de la bóveda siempre estará frío, incluso si se queda sin electricidad.

130m (425 pies)

Se mantiene el control de la entrada desde un aeropuerto cercano. La entrada se mantiene iluminada durante los meses oscuros de invierno.

La roca en esta área se rompe con facilidad. Una manga de acero protege el túnel de la roca quebradiza.

Entrada

La iluminación diseñada para la entrada ganó un premio por su belleza.

Las paredes de hormigón reforzado tienen un grosor de 1 metro (3 pies).

Unos sensores registran la cantidad de gases que hay en el aire interior.

Se pasa por dos puertas herméticas a una cámara. Las puertas no se abren al mismo tiempo. De esa manera, se escapa poco aire frío de la cámara.

Cada una de las tres cámaras contiene 1.5 millones de paquetes de semillas.

Cada uno de estos sobres de papel de aluminio contiene 500 semillas. Se retira el aire de cada paquete para sellarlo.

Cada caja contiene de 400 a 500 sobres. Las cajas están rotuladas cuidadosamente con lo que contienen.

En ningún otro lugar de la Tierra se pueden preservar tantos rasgos. Muchas semillas de la bóveda provienen de plantas que actualmente pocas personas cultivan. El Dr. Cary Fowler dice: "Esta es una póliza de seguros del recurso más valioso del mundo".

Compruébalo   ¿Cómo y por qué se preservan las semillas por largos períodos de tiempo?

Comenta

1. ¿Qué crees que conecta las cuatro lecturas de este libro? ¿Qué te hace pensar eso?

2. ¿En qué se parecen la gallina silvestre y las gallinas actuales? ¿Y en qué se diferencian?

3. Usa ejemplos de "La gallina y el huevo", "Del lobo a los ladridos" y "Vegetales: Más grandes y mejores" que muestren cómo la reproducción selectiva cambió los rasgos en los seres vivos.

4. ¿Qué problema intentaban resolver los ingenieros en "Preservar las semillas"?

5. ¿La bóveda de semillas fue una buena solución? Explica por qué.

6. ¿Qué te sigues preguntando sobre la reproducción selectiva y cómo cambian los seres vivos? ¿Cuáles serían algunas buenas maneras de encontrar más información?